APPROXIMANTEN

Saskia Warzecha

APPROXIMANTEN

Matthes & Seitz Berlin

Approximanten

näher ich mich meinen gegenständen unruhig an, brauch: solche, die sich biegen, nie zur neige gehen. mir inkrementelles erfassen versprechen. ich muss noch fragen, wie viel stück das sind, wie das geht, dass ich an dieser stelle schon mal war. ach, ein rückwärtskompatibles system, dies, was hier vor mir liegt, dies land. träumte einen schlafenden logiker. traf ihn zu beginn dieser wiederentdeckung bereits mehrfach an. empfand reue, dann mut, dann wachte er auf. er spricht: *das hier ist schon die ganze zeit gewesen. so.* was machte, dass ich von ihm träumte? in meinen träumen nicht sah, was er sah, als er schlief? und sein stieftraum doch ganz meiner war, als wir erwachten. das blinzeln der dinge unterbrach, von denen vorher die rede war, dann ganz namenlos, er: wie zuvor.

und all das wirkt: von einem bestimmten außen her, im inneren des verfahrens, mit – da spielt etwas äußerst schweres hinein, ein gewichtiges, nach allen seiten sich ausschlagendes, sich wehrendes register. mein milieu spricht prüfstände aus, spricht ständig vom gesamtvermögen. prognostiziert an jedem tag von sieben: weltanfänge, als wären sie übungsvernarrt. das geschieht, sie meinen es ernst, doch alles nur einmal. hat überhaupt schon angefangen. gibt es einen, der das wirklich weiß und frei ist von der frage, ob letzte tage größer seien – oder der erste? im erzählen vom *nm* die amplitude beruhigt, das verhalten im *inmitten* wartet.

stets ist das heilsamste geräusch jenes, das jetzt gerade spricht. augen auf (achtung, falle). roh-registration name. wer denn aufzurufen wäre, in solchen fällen. wohin zu laufen, für bewegung. wenn herauszoomen aus dem zukunftsfest versicherung verspricht, nicht noch voran in den zeitlichen rest schreitet: tiefer, zurück zum geräusch. mein gott, was liegt da so uferlos bloß? in ferienhausbuchverausgabung zeichen zählen. ein mündungsgesuch.

ansprachen-anspruch: eilige verdachte. so eine angriffsscheue assistenz, die namen. wünschte, als ich zwischen zwei dingen gleichen namens saß, eine vertauschung, die nichts verändert / die nichts bewirkt. und muster, die sich anlegen, also abziehen lassen, siebenfach aufgeblätterten klee. alle freunde mit versprechen. ein großes tier. wünschte, einen drittort zu bewohnen, und etwas, das elastisch ist. und zurück im zimmer: unsauberere schnitte der tapete. und wär der eckenfleck doch eine spinne.

die suche nach der langsamsten stetigen bewegung des tages. immer / sie verringert den willen zu einem geständnis gegenüber der zeit. im anschwellen liegt mein verbleibeplatz, im abschwellen, auftauchen, im sachte bewegtwerden, ziehen. da treibt etwas und zeigt sich ein spiel. auch unser ebenbürtiges interesse. ich trage die wasserflasche einer ertrunkenen stets bei mir. uns anvertraute sorten der erschütterung. und das mit dem kontext: das, was sich durchzieht, nur dauern wollen.

und dass morgen, übrigens, überall sei: zunehmend sich schwach machen / eine müdigkeit, die fürs wachbleibenwollen einnimmt, lauschen. von ihrem untergang flüstern die fenster recht laut zu tagen. karenzzeit, zeit, die einen sich einrichten lässt, hinter leicht geöffneten bahnen stoff. wer hier anhebt zu sprechen, stellt sich dem zeitverzug zu. du wirfst dich stets nur häppchenweise hinein, ein quäntchen eigenheit. noch aber könntest du prassen. generös verschwenden, wo ich aufs sommerende warte, damit die fliegen in meiner küche mich wieder verlassen. auch sie: schwarze quadrate – die aber fliegen können. das, vor allem, trennt geschickt ihre umrisse ab von mir. ich bin ein buch, das angst hat umzukippen, gleich einem gewässer, in das man bücher schmeißt. wer schmeißt? die fliegen. indem sie still sind. die luft, indem sie brummt.

wie dächer: nur konfrontiert zu sein. sich bedingtheit einschreiben in nicht lesbaren städten. wenn die gegend größeren flächenansprüchen nicht genügt: abstand suchen, luxusgut. die halfterstadt / meine zeit in beton. wie traurig mich zeitraffer in dokumentationen machen. aber ich verstehe, was sie da tun: tarnen alles als trick. und meinetwegen: luxusgüter im tausch gegen eine offenlegung des tauschgeschäfts, der obligationäre. nur, dass sich dies so auftut immer, aufspielt, ausspielt, zu null spielt, und die null das ist, was ich so gern im ärmel hätte und im arm auch, wenn's ginge, halten würd und wärmen wie einen kreis, dessen bedeutung nicht ist – diese finanz.

faustregel, nahezu flucht: du bist nicht hier, um hauptsächlich heiler zu werden. und mein grüßen schlägt fehl, bin ich noch nicht da. sozialisierung im suchumfeld. können nicht ablassen vom plan, das sterben zu lernen. fastregel: erproben praxis, allein. kein achsenglück. auch die erfindung von skalen hilft kaum, distanz zu vergessen – lokale unterscheidung: nicht abzubauen. wo war das noch gleich? zuhause der ort, an dem wir nichts fühlen. einige farbtöne im weichbild kenne ich schon. in schöner mittelfristigkeit käme man an.

INTERSECT I: die faltungen im space shade weichen nicht. kommastellen, nachkommastellen. ausfächerungen in fraktale, ich halte mich auf. kaue auf zähem glauben herum. dieser inflationäre gebrauch von genauigkeit scheut auch den negativen zusammenhang nicht, trotzt. wer bestimmte das maß für die feinheit von fäden? *lass uns nach paris,* sagst du, da liegt ein meter. minutiöse berichte, überschneidungen im origami-licht, in elektrischer isolation gekippte bilder von gebaren. also abschirmen aller munition um – was ruft das wach? – ferne, konzentrierte kreise strom.

Prüfautomat

unbefugnis im maschinenraum. beherrsch ihn, wenn ich ihn schärfer sehe. verhärte oder bilde haut, bleib flüssig. nicht im festen griff der im sammelumriss liegenden kapazitäten (ihnen ist nichts nah außer dem nächsten). ich hege meine achsen nicht – erübrigt sich. provisorium, ein ungerader tag. schwellenwert = hypothetische apparatur mag aufglitzen, lauern. löchriger moment: funktionsweise kaschiert. heimlich lebbares beigemengt, sich etwas nähern. nachtrag zum alltäglichen: zu glättearten spricht mein prüfautomat bände.

saugen in glasigen tropen am hohlen haar. ich schlag hier haken im qualm, kalibriere substanz. zugänge zu umgehungsstraßen, schildere *du bist ein ort für mich.* nicht die orte. du: *trakt*, sagst *durch*, ich wiederhole dich, sag *sag doch mal a*. behaupten, zwischen klängen, die länger im raum hängen, uns und kommunikation (diese formel ist nicht stilisiert). kein schlaf im auge / oneironautik. wir lachen lauter, weil musik ist. legen die zungen so, als würden wir. und sagen: *ein hoch auf die fleischige wunde im mund*. und wenn du *trakt* sagst, *kupferstich, geräusche, kupferstiche, trakt,* und ich, weil ich mich noch wiederholen kann: *schallwellenverebbung* – wieso öffnest du die hände nicht? ich habe jedoch die wörter gut gezählt. wer sich mehr wünscht, dem sei einhalt geboten: von closed world assumptions kann die rede hier nicht sein.

ich werde mich an eure stimmen erinnern, wenn ich bei euch bin. im nebenzimmer liegt ihr auf dem boden, redet über kontinente. atlanten, planeten, strecken zum nächsten park. sagt *ich bin da an was dran* oder *ich weiß nicht, wofür man stühle braucht, wobei, vielleicht für tische*. ich male euch einen stadtplan ab. mal flughafenstraßen, nahverkehrsansagen, zurückbleiben bitte (bleib doch noch). wie ihr die handflächen nach oben dreht, das so stehen lasst: als bewegung im raum. fieber in schüben / über fünfmal sehen vergeht ein jahr. keine heiligen, nur mythen. hier noch ein sinkflug, noch ein paar vögel. instanziierte exit signs.

ihr, meine brüchigen hunde, schleicht nachts wieder umher, um uns nochmal porös zu machen. makulatur durch lormen im bewegungsrepertoire. skelettales wagnis. j: zwei punkte auf die mittelfingerspitze, x: querstrich übers handgelenk. muttersprachen sind verwandte formen der gebärde, gesten werden abgetastet. sch: leichtes umfassen der vier finger. in der zärtlichkeit liegt die geste (nicht umgekehrt). lärm hält mich ab. will sagen *zwar*.

großes aufheben: tassen. raupen. gedoppelte, sprich: wörtlichkeit spielt zeichenhaft belang. in klammern: senken sich, im angleichen ans schon betrachtete (guck). auch *aber* (nicht nur schon-verhandeltes). ist von freien stufen umgeben fest. wofür aufzählen, was es alles gibt, grund eins: ansammlungsinstinkte / zeit. grund zwei: abdeckungsinstinkte / zeit. alles strebt an, inmitten zu sein / grund drei. dass deine unfertige zeit du mit mir teilst, dein tendenzielles aussehen, heißt: senken sich im abgleich. sich übertreffen im wer berührt weniger tief und dennoch spürbar. und dann so amorph geschmückte straßen. wie stellen wir es an, gefasst zu sein, konfligierende affekte: durchlässig dabei; wie ab? tassen / raupen. sie haben diese seiten sehr oft aufgerufen, in der fernordnung gleichen sich die straßen. glanzbild, klein. wieder heben: drin alles große auf.

wie schön die menschen ihre körper über kleine schwellen setzen, zeilen, abstände, türen mit straße in verbindung bringen. ein formenkonvolut von oben. anklang von bald acht milliarden broca-arealen, oder: hunderttausend, klingt nach mehr. so eine beiläufige gruppierung. nimm nur notiz. bloß nichts erklären, bloß nichts berichtigen. umrechnen, übersetzen, die bezichtigung verringern. suchst du etwa raus? strategisch werden: bloß werden. der wunsch nach einem bumerang im schwerelosen.

spuren von syntaktischem zucker, mechanisch fein kandierte klippen. da liegt ein dreißig jahre altes organ in meinem mund. eine manege, die sich ausdehnt beim betreten. antik: das fragment einer scheuklappe gefunden. das armaturenbrett zeigt positive km/h, prothese, einen malerischen rest. strategische bestrebung: überträgt in kultivierte tendenz, in dreihundert meter, bitte gradeaus.

mein recht auf vergessen als ligatur zwischen *noch interessiert mich das glück* und *noch noch*. ahnen als nur-bezeichnung fürs konzept. endorphine anhand der perfekt-bildung-mit-sein begreifen: verben im framework an die blaue wand, an der die welt ist. einsetzen. bingo. noch. wer hat noch nicht: fragen. mein vorhaben ist noch nicht nicht nicht nicht.

echtzeitsensor sorgt für latenz im dekor – bereits statuiert. das wachsen des datensatzes selbst sagt jedoch nichts darüber hinaus aus, erfüllt nur erhaltende funktion. zutage treten requisiten. rauten, öl, likör. durst bleibt eine statuette im saal. regulärer ausdruck .* als krücke, mit logopädischem strumpf. bar jeglicher rüschen ein klangcluster: tanklaster – öl und öl über weite strecken. zugvögel als provision, rohvision in der shell: one deep .zip

INTERSECT II, gelöst: wir lehnen uns an kugeln. aus geübten schulterschlüssen ziehen kreise zyklen vor. zirkle ab zur dazugehörigkeit von themen: kennst du das? / ich stelle mir schnee vor dabei. dein kleiner schauer macht mir nichts. ist kennst-du-das-zerwurzelung ein zuckerrand am glas, mit dem man fliegen fängt. sich folgendes versagen.

Diphthonge

auf welchem level treffen wir uns, so ganz entzerrt? du koryphäe, kannkind. manöver: sag meinen namen im namenmuseum, so kollaborativ entrückt. sag, rahmen-widersacher, wieso hast du so übergroße gliazellen? veränderst taktische bewegungen. unvollständige besatzung, als fädelte mir einer sinn bei. doch wenn etwas geschliffen wird, was fällt dann ab? äußerst abschätzig die frage: wieso ist ihre antwort das verhängnis jeder frage?

gezeiten: pluraletantum. stets vorläufige gegend. prangert, krankt an. nipptide, kaprizen. beiläufig botanische samen als juckpulver zwischen stoff und wenn du dir eine wahrheitswidrige wand vorstellst, kommst du dann dagegen an? einseitig anerkannte länder also. hältst ihrer statt stand. diplomatie, autoimmunität, vorgeblich körpereigenes gewebe. gegenläufig dem entlegenen. hast vorgespürt. abgetragen. die feinen härchen an den kernen. sich blutig jucken, ganz wund. *gemahlene glaswolle ist, da gesundheitsschädlich, nicht empfehlenswert.* autoanamnese. als wär wer internist von uns.

sieh, damit ich von dir sprechen kann: von uneingeschränkten beschreibungen. von anschauungsmaterial. in das ich verpacke, was abzulesen sei / abzuziehen, was abzulesen, hartnäckig die indizierung. was taktvoll preist, was auszuhalten sei: dass es eintritt. dass es einsetzt. (replik.) und diese anvisierte warte – willst näher sein an deinen zweifeln – ins nichts schatten, bloß diesseits.

was hält mein gestaltungswille dir gegenüber bereit, außer nuancierter erteilung, einer aufforderung? außer der ambiguität von einheit. ich habe immer genau das gemeint, was hier kapituliert. du siehst das also vor dir her. einlösung hellwacher altäre / das nachlassen von dichte, lichtausbeute. wie alt die erde ist. du unterscheidest da, nimmst verknüpfungen auf. wer störrischer ist und wer geschmeidig. entfädelte betonung, silbisch. ich habe nie auch nur eine minute ge–. landen, ohne aufzusetzen.

ich schreibe nachrufe auf alle meine freunde. weiche beim unterzeichnen ihren blicken aus. sich stets offenzuhalten, sich offenzuhalten: anfangs ist nicht jeder rückzug kategorisch abseits. aber jeder von ihnen sabotiert gefolge (oder waren das wir?). dies nachrufbuch, bin milde einverleiberin. *weißt du noch?* da beiße ich schon zu. ich lerne von regentinnen nicht minder als der ingenue den abzug. die angst. weil keine größere fläche beim auffalten entsteht, falte ich die briefe klein. schicke sie an mich in einem jahr. dann zwei. weil wir alles verlieren, schreibe ich auf – so der abschied ein gruß.

entität-sein, verließ entropie. einen eiswürfel knacken lassen zwischen warmen armen, am puls. winkelblick, geräusch. ich, die ich immer weniger zusammenfuhr, strich immer häufiger verscherbelte nuancen ein. ein verlust, aus dem auch gewinn entstand: fand ein symbol, ein symptom, einen appell. einen wallfahrtsort, in den lobgesänge eingegangen wären – hätte nicht, nach etlichen weltansichten, ein rechenheft genügt, ihn rückstandslos auszuheben. die geschichte dieser gemeinschaften ist nämlich eine kurze: einer lernt laufen hier, einer schreit. und laien, in petto, die sich flirrend ergeben. verlustwärme halte ich mir seither wie einen gott. einen kleinen, einen kühltaschengott, dort, vorsichtshalber nahe den gelenken.

mein gespür für alles nicht-funktionale: granularitäten, verschwommenheitsgrade. mitmenschsein / leihmütterchen, nur dann bürde, wenn nicht alles mensch ist. dem objektemacher stehen ähnlichkeiten zur verfügung. das heißt hier auch: sehen, wie eine hand liegt, wenn sie schläft. das auszuhalten. obacht-acht-dichotomie: auf meinen abgeschätzten doppellaut kommen immer mindestens zwei andere. und dann? und dann. ist wohl gehütet, ist zurechtgeschöpfte lage. ich träumte von meinem abgetrennten arm vor mir. man kann sich das nicht vorstellen, mit wie viel zärtlichkeit ich ihn betrachtete.

mathematisch haut abziehen. fordern einen inselstaat. statt versprechen ein wort in eine nachricht lenken, es entlassen, dann: was? was du ablehnst, klopft verlässlich an gefährdende verstärker. *wir sind jetzt alle da.* sollte ein entschließen nochmal nachgreifen: schleifen schleifen. meinen geheimloop kenn nur ich; ich kenn ihn gut. mathematisch haut abziehen. approximantisch zu: was? wir sind ja jetzt gerade alle da, irr. alle, sie zucken heimlich, wenn niemand mehr guckt, guck. fordere einen inselstaat oder: fertige den inselstaat – aus allem außer wasser. das geht. das genauer gestaltete: nichts vorübergehendes mehr (nicht anders im vorübergehen). denn was ich sehe: am sonnenstand reibt sich der mittag auf. was ich weiß: am abend klingt der abend ab.

ich halte den empfindsamkeitsrausch so laut, dass es schmerzt, aus meinem körper raus. in empfänglichsten fehlern fehlt den formen kein titel. komponierter, guter wunsch. strukturspur. das hier ist jetzt ein schiff, ok? damals schrieb ich übers halten, heute über schiffe. überakustisch (kann sein, ein gespräch wird mitgehört auf diesem schiff), ausgeschöpft, gekannt. *hier sieht's ja wie auf landkarten aus,* logisch bestimmt. ganz plan, mal verwaltet, mal lose. welche hafenausgrabung auf später noch wartet: paar denkmäler, deren bezeichnung sich noch ändern wird, herausgezögertes befürworten.

in der hintersten zeile eine mulde, ein allseits bekanntes revier, wo herdentiere fantasieren. nachmittags ein ufo, am abend ein hund. könnte, wäre man davon ausgegangen, am anfang etwas zu veranlassen, man das ende wuchern lassen? hommagen und marschmusik verneinen (den einzelnen takt: nicht). ich spreche oft, nicht immer, über *alles*. aber wenn's doch schwarze quadrate sind? angenommen, die einzelnen testungen bezifferten tatsächlich einzelnes: kleiner, hektischer rausch. aber es gibt ja für alles maschinen derzeit. danach erschöpfungszustand ähnlich einer vase. kleines, erschöpftes geschöpf aus ton (ach). bist nicht anders zugegen als wir. unterscheiden trotzdem beflissentlich. entschuldigung, ist das hier eine zuflucht? aufgefächert ganz groß, doch kantig genug. liebäugeln mit cremes. plüsch. wassermalfarben. winzigen pflanzen in meinem glas. nachts sucht das muldentier wie sandbeispiele ruhe, eine schummerbude, die hauptsächlich versickern lässt.

in koordinationen (auch als listen gedacht) gesicht nicht nur hineingedacht: hineingelesen, auf. eines sehen wollen, das fällt, im fallen und fallen begriffen ist (im fall oder begreifen geschont). sehe einen auffallend großen zwischenraum – und dehne ihn noch, klaffe falz und weiteres gelenk hinein, schachtele an kaputtem gelenk, mit löchern versehen, gunst. verstehe stabilität als verkleinerte dynamik. die trostfalte achitektonisch daneben. architektonisch gedacht, noch zu zeichnen hinein, mit weiche. mir gefällt das viele gerümpel auf dem dach. ebnete eben noch alle stoßfalten, verstecke nun im falz morphportraits. ich kann mir jeden menschen nackt vorstellen, und jeden menschen tot.

INTERSECT III (alle elemente aus A) | es wohnen gegenüber leute, die ich nie sehe. das haus hellblau, sodass an sonnentagen, beim leichten lider senken, die fenster schweben, weil die wände verschwinden. ich stellte es mir vor als gewelltes papier, bis ein ton entstand, von drüben und schwebte. nicht sparsam, sondern da. ich wusste nicht genau, woher das kam. dachte, das hier ist jetzt fremdmaterial. *ich dich auch. ja. ja.* hellhörig sein, dachte ich, als nebenan jemand telefonierte. mir war fast kühl, da, am offenen fenster. ich musste wieder an quadrate denken. kennen sie diese figur, bei der man das flackernde zwischen den linien nicht sieht, sobald man versucht, es zu fokussieren? ich kenne eine, da sieht man es auch dann nicht, wenn man nicht hinsieht.

entgegengesetztenfalls: temperaturforscher, arznei. *ist doch immer so, bevor man stirbt.* so über die enden sprechen wagen (wer?) – aber was ist ein debüt? hallo, ich lebe hier zum ersten mal. und alles, was ich erfahre, schwärmt immer aus. wohin verschwinden diese rohre in den wänden? sich in zungen üben, befürworten (materien). *bist du da?* wie schwer das zu beschreiben wär. schwebstoffe, entwaffnende kalendermathematik. nichts, woran du dich erinnern kannst, ist wirklich lange her / erinnerung als übungen in hingabe. und also immer noch ein wenig weicher werden vor der welt. meine kleine sammlung blackboxen, ich verstecke sie gewissenhaft. die anderen: eher varianten. ihr nur aphoristischer gebrauch.

APPROXIMANTEN

Approximanten

Prüfautomat

Diphthonge

Danke

Alexander Kappe, Anna Albinus, Anna Maria Warzecha, Christoph Greil, David Frühauf, Felix Schiller, Hendrik Jackson, Ines Berwing, Isabel Walter, Malte Abraham, Mathias Kropfitsch, Michael Wolf, Nora Linnemann, Sebastian Unger, Svenja Bungarten, Tim Holland, Yevgeniy Breyger.

rtr, R.S., dem Berliner Senat, dem Ammerweg.

Zitat:

wirkt, von einem bestimmten außen her, im inneren des verfahrens mit

Jacques Derrida: *Die Wahrheit in der Malerei*. Herausgegeben von Peter Engelmann, übersetzt von Michael Wetzel. Passagen Verlag, Wien, 1992.

Die Arbeit an diesem Buch wurde durch ein Arbeitsstipendium der Berliner Senatsverwaltung für Kultur und Europa gefördert.

Erste Auflage Berlin 2020

Göhrener Str. 7 | 10437 Berlin
info@matthes-seitz-berlin.de

Satz: Michael Rosenlehner, Berlin
Druck und Bindung: Finidre, Český Těšín,
Tschechische Republik
ISBN 978-3-95757-915-7
www.matthes-seitz-berlin.de